Copyright © Tino Freitas, 2023
Reprodução proibida: Art. 184 do Código Penal e Lei 9.610 de 19 de fevereiro de 1998.

Todos os direitos reservados à
EDITORA FTD
Rua Rui Barbosa, 156 — Bela Vista — São Paulo — SP
CEP 01326-010 — Tel. 0800 772 2300
www.ftd.com.br | central.relacionamento@ftd.com.br

DIRETOR-GERAL Ricardo Tavares de Oliveira
DIRETOR DE CONTEÚDO E NEGÓCIOS Cayube Galas
GERENTE EDITORIAL Isabel Lopes Coelho
EDITOR Estevão Azevedo
EDITORA-ASSISTENTE Aline Araújo
ANALISTA DE RELAÇÕES INTERNACIONAIS Tassia Regiane Silvestre de Oliveira
COORDENADOR DE PRODUÇÃO EDITORIAL Leandro Hiroshi Kanno
PREPARADORA Marina Nogueira
REVISORAS Kandy Saraiva e Lívia Perran
EDITORES DE ARTE Daniel Justi e Camila Catto
PROJETO GRÁFICO E DIAGRAMAÇÃO Daniel Justi
DIRETOR DE OPERAÇÕES E PRODUÇÃO GRÁFICA Reginaldo Soares Damasceno

Dados Internacionais de Catalogação na Publicação (CIP)
(Câmara Brasileira do Livro, SP, Brasil)

Freitas, Tino
  Mamãe, coragem! / Tino Freitas; ilustrações Natália Gregorini. — 1. ed. — São Paulo: FTD, 2023.
  ISBN 978-85-96-04045-7
  1. Literatura infantil I. Gregorini, Natália. II. Título.
23-147385   CDD-028.5

Índices para catálogo sistemático:
1. Literatura infantil 028.5
2. Literatura infantojuvenil 028.5

Eliane de Freitas Leite - Bibliotecária - CRB 8/8415

A - 849.674/24

1ª EDIÇÃO
FTD
SÃO PAULO - 2023

Tino Freitas nasceu em 1972, em Fortaleza (CE), e vive em Brasília (DF). Com mais de quarenta livros publicados, é escritor, músico, jornalista e mediador de leitura.

Natália Gregorini nasceu em 1990, em Vilhena (RO), e vive em Campinas (SP). É formada em Artes Visuais pela Unicamp.

TINO FREITAS
NATÁLIA GREGORINI

MAMÃE, CORAGEM!

— ACORDA, MAMÃE!
— ACORDEI, FILHA! QUE PREGUIÇA...
VENHA DEITAR COMIGO!

— AH, NÃO, MAMÃE! VOCÊ ESQUECEU? É HOJE! POR FAVOR, VAMOS!

— É HOJE?! A GENTE NÃO PODE DEIXAR PARA AMANHÃ?

— NADA DISSO, MAMÃE! VOCÊ **PRO-ME-TEU!!!** O DIA É HOJE!

— SÓ MAIS CINCO MINUTINHOS!

— VAMOS! VAMOS! NÃO PODEMOS ATRASAR! POR FAVOR, POR FAVOR, VAMOS!

— SÓ MAIS TRÊS ESPREGUIÇADINHAS E EU JÁ VOU... ENQUANTO ISSO, VOCÊ SE ARRUMA!

— MAS EU JÁ ESTOU PRONTA! FALTA SÓ VOCÊ! TOME UM BANHO, ESCOVE OS DENTES E VISTA UMA ROUPA BEM BONITA. ESTÁ QUASE NA HORA! **HOJE É UM DIA MUITO ESPECIAL!**

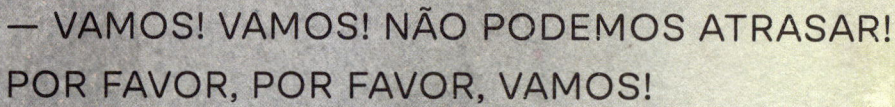

— MINHA PASSARINHA, ACHO QUE NÃO VOU CONSEGUIR!

— NÓS VAMOS CONSEGUIR, SIM! **VAMOS!**

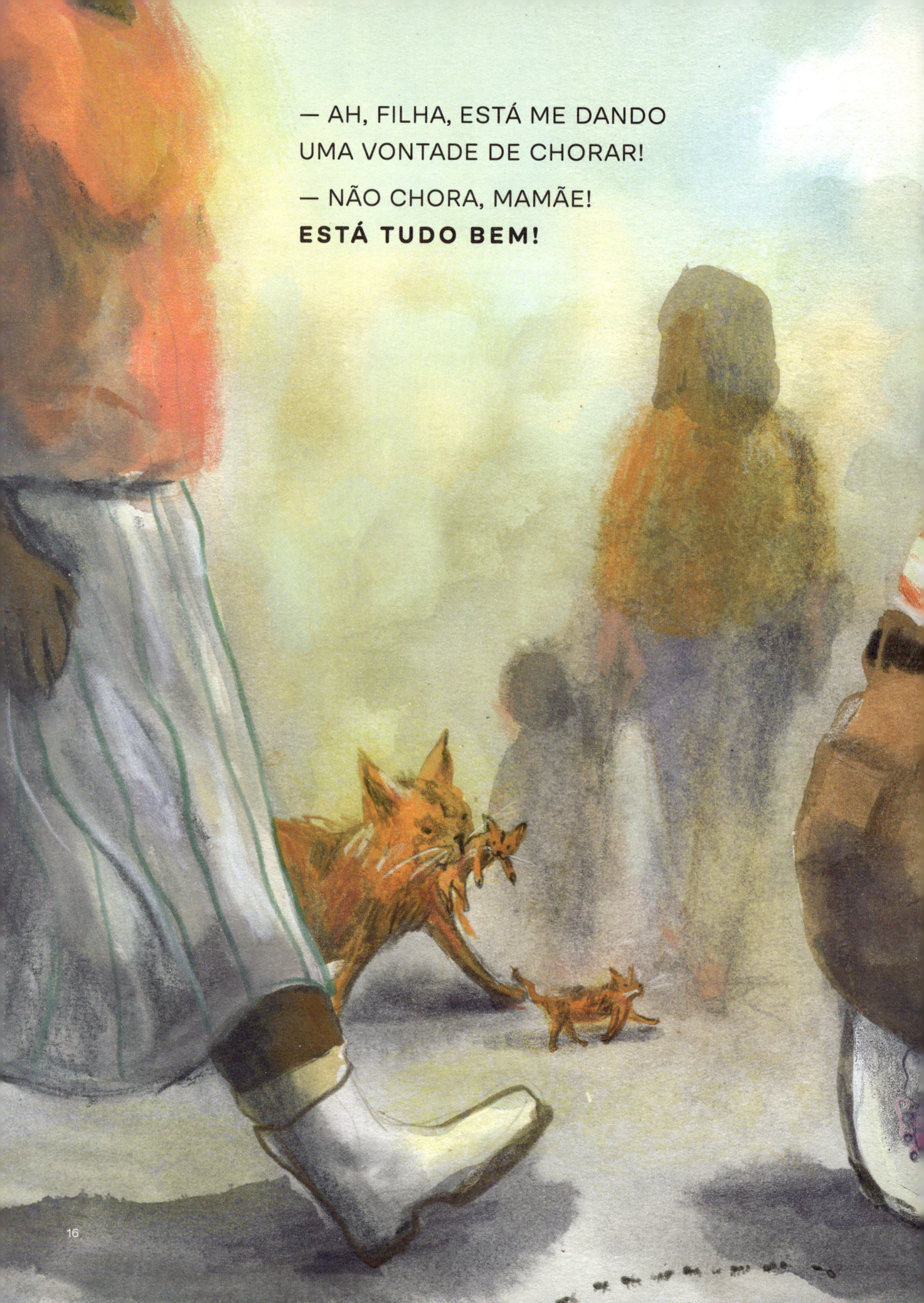

— AH, FILHA, ESTÁ ME DANDO UMA VONTADE DE CHORAR!

— NÃO CHORA, MAMÃE! **ESTÁ TUDO BEM!**

— AI, MEU AMOR, ESTOU COM UM POUQUINHO DE MEDO!

— MAMÃE, ESSE MEDINHO VAI PASSAR AGORA MESMO COM O MEU **SUPERABRAÇO**! VEM!

— TAMBÉM QUERO UM **BEIJO** JUNTO COM O ABRAÇO, MAMÃE! **BEM ESTALADO!**

— E CADÊ O SORRISO, MAMÃE? QUERO AQUELE SEU **MELHOR SORRISO!**

— MAMÃE, CHEGOU A HORA.
PODE SOLTAR DO ABRAÇO.
— EU NÃO CONSIGO, FILHOTA.
NÃO CONSIGO!
— **MAMÃE, CORAGEM!**

— MAMÃE, VOCÊ VAI FICAR BEM?
— VOU, MINHA FILHA! E VOCÊ, VAI?
— EU VOU, MAMÃE! FICA TRANQUILA.

— FILHA, VOCÊ É TÃO CORAJOSA!
— VOCÊ TAMBÉM É, MAMÃE!
ATÉ MAIS TARDE! **TE AMO!**

TINO FREITAS

Sou escritor, músico, jornalista e mediador de leitura. Gosto muito de estudar e, assim, me formei especialista em Literatura Infantil. Aprendi que, para ser escritor, é preciso — entre outras coisas — coragem, teimosia e esperança. Tenho mais de quarenta livros publicados no Brasil e no exterior. Alguns receberam prêmios, como o Jabuti e o da Fundação Nacional do Livro Infantil e Juvenil (FNLIJ), além de integrar seleções de destaque nacional e internacional. Saiba mais sobre o meu trabalho em: www.tinofreitas.com.br.

NATÁLIA GREGORINI

Nasci em Vilhena, Rondônia, e morei em muitos lugares até chegar a Campinas, em São Paulo, onde vivo e trabalho desde 2010, quando vim estudar Artes Visuais na Unicamp. Nessa mesma universidade, fiz um mestrado, e essa pesquisa originou meu primeiro livro autoral, *Madalena* (Livros da Matriz, 2019), finalista do prêmio Jabuti.

Para ilustrar *Mamãe, coragem!*, usei vários materiais diferentes: guache bem diluído para os cenários e fundos; lápis de cor e pastel seco para os detalhes; giz pastel oleoso e PanPastel para compor texturas diferentes. Assim como cada família tem suas características, cada material também tem, e foi maravilhoso criar famílias que, mesmo tão diferentes, compartilham esses momentos bonitos — e desafiadores — do crescimento.

Acesse o catálogo *on-line* de literatura da FTD Educação

Produção gráfica

Gráfica & Logística

Avenida Antônio Bardella, 300 - 07220-020 GUARULHOS (SP)
Fone: (11) 3545-8600 e Fax: (11) 2412-5375

A comunicação impressa e o papel têm uma ótima história ambiental para contar

www.twosides.org.br

SUPLEMENTO DE LEITURA

MAMÃE, CORAGEM!

TINO FREITAS
NATÁLIA GREGORINI

NOME DO ALUNO: _____

_____ ANO: _____

NOME DA ESCOLA: _____

1. O TÍTULO DO LIVRO QUE VOCÊ LEU É *MAMÃE, CORAGEM!*. O QUE É CORAGEM? DESENHE NO ESPAÇO ABAIXO UMA SITUAÇÃO EM QUE VOCÊ SE SENTIU CORAJOSO OU CORAJOSA.

5. AGORA É A SUA VEZ DE CRIAR UMA HISTÓRIA! VAMOS DEIXAR OS FAMILIARES DAS CRIANÇAS DO LIVRO ALEGRES, MOSTRANDO QUE CORREU TUDO BEM NO PRIMEIRO DIA DE AULA? DESENHE NO ESPAÇO ABAIXO COMO VOCÊ IMAGINA QUE FOI O PRIMEIRO DIA DOS PERSONAGENS NA ESCOLA.

ELABORAÇÃO Bruna Ferrari Faganello

2. A HISTÓRIA SE PASSA EM UM DIA MUITO ESPECIAL, MAS SÓ DESCOBRIMOS NO FIM DO LIVRO POR QUE ELE É TÃO ESPECIAL ASSIM.

- NO COMEÇO DA HISTÓRIA, O QUE VOCÊ ACHOU QUE IRIA ACONTECER? DESENHE NO ESPAÇO ABAIXO O QUE VOCÊ IMAGINOU.

3. VOCÊ REPAROU QUE APARECEM VÁRIOS ANIMAIS NO LIVRO? DESENHE NO ESPAÇO ABAIXO O ANIMAL DE QUE VOCÊ MAIS GOSTOU. A SEGUIR, REGISTRE, COMO SOUBER, O NOME DELE.

4. NA HISTÓRIA, OS ADULTOS E AS CRIANÇAS ESTÃO SENTINDO EMOÇÕES DIFERENTES. CIRCULE APENAS OS PERSONAGENS QUE ESTÃO SENTINDO **ALEGRIA**.